Handbuch der

Dichtungen
für
Couchlegierungen

Bei Übersetzung
auch für
Setzierungen geeignet.

Impressum

Bibliografische Information der Deutschen
Nationalbibliothek: Die Deutsche Nationalbibliothek
verzeichnet diese Publikation in der Deutschen
Nationalbibliografie; detaillierte bibliografische Daten
sind im Internet über dnb.dnb.de abrufbar.

© 2020 Timon Tiefenbach
Herstellung und Verlag: BoD – Books on Demand,
Norderstedt
ISBN: 978-3-7519-7906-1

Es braucht kein Vorwort,
dacht ich mir,
drum stehen auch
nur dreizehn hier.

Inhalt

1. Der Bürohengst

betellert, Löffel – angeschirrt und
angesesselt,
war der wilde Bürohengst
zur Mahlzeit gefesselt.

Doch die Tigerin,
die kurz berockte,
sich daneben hockte
und ihn verlockte

es abzuwiegen, mit ihr
die Liegen zu verbiegen
beim sich lieben. [1]

---

[1] Für Hildegard von Bingen (1098 -1179) war es
eine Verhöhnung Gottes, nicht mit den
gottgegebenen Fingern zu speisen, sondern mit
den, damals noch zweizackigen, Gabeln.

2. Sommersprossen

„Nicht bequem
sind die Sommersprossen
beim gehen."

So sprach die Winter-
zur Sommer-Leiter,
„wirst sehen!"

3. Zur Begrüßung nicht vergessen:

Händeschütteln und Verneigungen
bei Empfängen und Vertreibungen.

Es reicht ein Gruß, nicht kompliziert
Ist man schon verkumpeliert. [2]

---

[2] Das Händeschütteln kommt angeblich davon
dass man sich so früher bei der Begrüßung
zeigte dass man unbewaffnet war.

4. Zwei arme Ritter

Zwei Ritter, erst zankend,
sich fast duellierend,
versöhnt nun,
bewundern sie Kellnerins Schürzen.

Beim Bohnenmahl schmankend,
genüsslich gustierend,
die Därme sich
wehrten, vom starken bewürzen.

Verabschiedend, dankend,
viel Zeit nicht verlierend,
pressiert es sie,
pferdend, den Pfad zu bekürzen.

Treu Kämpfend, doch wankend,
mit Blechmänners Pfürzen,
so kamen erbrechend
die Pferde ins stürzen. [3]

---

[3] Im Mittelalter erreichten Männer im Mittel
ein Lebensalter von Mitte 30,
Frauen nur Mitte 20.

5. Bodyshaming beim Scheining

Es sagte die Kerze zur Lampe:
„Du hast vielleicht ne Wampe!" [4]

6. Der Stinker-Winker

Der „Stinker-Winker"
war ein linker Trinker
der stets stinkenden Leuten winkte.

Bis ihm einmal einer eine klinkte.
Nun ist er der
„Hinker - Stinker-Winker".

---

[4] Die langlebigste Glühbirne der Welt leuchtet in Kalifornien seit 1901 bis jetzt (2020).

7. Die böse Taste

Die Taste des Pianophon
auf gleicher Saite, Jahre schon,
hob von dieser, monoton,
Ton für Ton
hervor zum Ohr,
jeden länger als der zuvor,
bis sie die Geduld verlor
und die Saite kräftig hieb.

Künftig jeder Ton verlieb.[5]

(Ein wahrer Saitenhieb)

---

[5] Das erste Klavier (Pianoforte) im heutigen
Sinn, mit dem man auch die Lautstärke variieren
konnte, wurde wahrscheinlich
1698 von Bartolomeo Christofori erfunden.

8. Wir warten!

„Herr Wirt, wir warten!
Wir baten, gesessselt und angeschirrt
um Braten, gekesselt und angerührt!"

9. Der träumende Golem

„Nie im Leben", so säufzte der Golem,
würde er aus Lehm
einen Golem lehmen.

Das wäre ihm viel zu Lahm.

Ein Gogo-Girl,
„Go-go-Lehm", würde er nehmen. [6]

---

[6] Der Golem ist eine Gestalt aus der jüdischen
Mystik, eine Art Bio-Roboter aus Lem, dem man
lästige Arbeiten übertragen konnte.
Er brauchte nichts zu essen.

10. Der schlaue Hahn

Gackernd, göckierte der Gockel daher:

„Liebes Huhn, nimms nicht so schwer:
Es wünscht sich außer Dir noch sehr:

Pinocchio eine kleinre Nase,
der Trinker eine größre Blase,
die Blume eine breitre Vase,
der Fuchs zum Mittagessen Hase.

Drum sei zufrieden wie Du bist
auch andre stehn mal tief im Mist"

(Es war ein großer Hahn,
ein wahrer Hühne.) [7]

_____

[7] Es leben ca. 20 Milliarden Haushühner auf der Welt (2020). Sie werden zwischen 5 und 10 Jahre alt.

11. Die Geschicht vom Staatsgericht

Wie ein Gericht erhob den Pharaonen-
klon zum Thron:

Vor Ägyptens-Staatsgericht,
ein Richter spricht: (auf Geld erpicht)

„Könnt man Pharaonen klonen
so wie Bohnen,
würd sichs lohnen.

Sie könnten ja in eignen Zonen
bei den Pyramiden wohnen
und dann für Touristen thronen.

Man nehme: Füße, Hände, Ohren,
schon wäre er wie neu geboren."

Gesagt – getan! Schon fing man an,
schnell fertig war der Mumienmann.

Doch eines hatte man vergessen:
Der Herr Mumieur, er wollte essen.

Doch durch den Fluch des Pharao,
    -   fluchend –
flüchtet der aufs Klo,

So throhnt zum Lohn,
man ahnt es schon,

der Pharao-Klon,
verschärft durch das Gericht,
am Thron. [8]

---

[8] Im Totengericht der altägyptischen Religion,
saßen 42 Richter, die über das Schicksal der
Seele entschieden.

16

12. Zum Wiegen

Es wurde bewogen und abgelehnt?
Ja, es dürfte wohl stimmen,
(so wurde erwähnt)
Das Ansinnen abzustimmen,
ob beim wiegen
ein Wiegenlied anzustimmen,
ab zu stimmen.

13. Zwei Noten

Es stritten 2 Noten sich,
stehend am Notenstrich,
kreischend, ganz bitterlich.
Bis Mozart sie beide strich. [9]

---

[9] 1756 in Salzburg geboren, zog Mozart 1782
nach Wien wo er am 5.12. 1791 um 1 Uhr starb.
Nach Abzug der gestrichenen Noten blieben
noch weit über 600 Werke, darunter
Klavierkonzerte, Opern, 41 Sinfonien und auch
ein Wiegenlied.

14. Der verstörte Lord

„Oh…, oh… oh…!"
das warn die Worte,
als der Lord die Wand beohrte.

Dieser, hoch gespannt, gewohrte
der Rohrierer, wie beim Sporte,
Lordin Lora grad berohrte.

Rot vor Wut, er floh vom Orte
„Nie mehr sprech ich „O" im Worte!",
er mit Überrötung schwörte.

So sprach lang nur „Ö" der Lörd.
bis die untreue Beböhrte
die den Röhrer einst betörte
ihm beschwörte,
dass er sich beim Öhrn verhörte. [10]

---

[10] Das menschliche Ohr hört im Bereich von 16
bis 20000 Hz (Hertz), wobei mit jedem Lebens-
jahrzent die Hör-Obergrenze abnimmt, man also
mit 30 Jahren noch ca. 16 – 17000 Hz hört.

15. Ein (ehemaliger) Angestellter

„Chef" spricht man „Scheff" aus,
nicht „Schaff."
weil er viel Geld scheffelt
und nicht viel schafft.

16. Zur Gesundheit:

Der Doktor konnte nur empfehlen
mit Liegestützen mich zu quälen.
Die Weisung werd ich gerne nützen,
und mich stets beim liegen stützen. [11]

---

[11] Der griechische Arzt Hippokrates (ca. 460
v.Chr. – ca. 370 v.Chr.) war so berühmt, dass
man nach ihm den „hippokratischen Eid"
benannte, der noch heute gilt.

17. Die Verblendung

Heroisch,
In Verblendung
einer hehren Sendung,
harren die (noch leeren)
Blätter,
ihrer Verwendung
    -   Stoisch -
an des Herren Endung.

18. Taktgefühl

Der Taktstock zeigt lockend
der stockend' Rockbänd
bockend sein Stock-End. [12]

---

[12] Im 19. Jahrhundert wurde der Dirigent um ei-
nen Taktstock verlängert, den dieser durch die
Luft schlug. Im 17. Jahrhundert wurde noch mit
einem Stock auf den Boden geschlagen. Der
Komponist Jean-Babtiste Lully schlug sich damit
so auf den Fuß, dass er daran starb.

19. Der schüchterne Kardinal

Predigend,
musste der Papst es erwähnen:
„Sie sollten sich schämen!"

Der schüchterne Kardinal,
sich derart schamierte,
dass er zum Schamanen
konvertierte.

20. Äste betesten

die Feste der Äste
teste man am besten
bei Festen
an lästigen Gästen [13]

---

[13] Die ideale Anzahl an Gästen bei Gastmäh-
lern, liege zwischen drei, der Zahl der Moiren
(Schicksalsgöttinnen) und 9, der Zahl der
Musen, (Kunst-/Unterhaltungsgöttinnen), so
meinte man im antiken Rom.
Die Porzellantasse stammt aus China.

21. Zur Rettung der Menschheit:

1. Zu Mittag sollen alle
   die Erde bespringen,
   um diese weit weg
   von der Sonne zu bringen.

2. Zur Nacht darf sich
   keiner bewegen,
   um sie nicht wieder
   zurück zu verlegen.

3. Am Tag müssen sich
   alle furzenden
   auf den Boden legen, um
   zusätzlichen Antrieb zu geben.

4. Nächtens muss man sich
   des Windens enthalten,
   doch Morgens darf man
   sich doppelt entfalten. [14]

---

[14] Die Erde ist, (bis jetzt) je nach Jahreszeit
zwischen ca. 152 Millionen Kilometer und 147
Millionen Kilometer von der Sonne entfernt

22. Zwei Schlangen

Die liebsamen, biegsamen, Schlangen,
hatten sich ineinander verfangen.

Verknotet, verknüpft,
zusammen weggehüpft.

23. Der Hase

Der Hase, der den Igel liebte,
sich dabei den Schniedel siebte. [15]

---

[15] Es gibt ca. 3500 verschiedene Schlangenar-
ten, 55 verschiedene Hasenarten und 26 Igelar-
ten auf der Welt.

24. Der Drachen-Hasser

es meinte der Bürger
mit Miene zur Rache,
der feurige Drache,
wohl nicht mehr so lache,

sobald erst erfunden,
die Strommästen stunden,

und er
am Masten verfangen
von uns gegangen.[16]

---

[16] Insgesamt wurden ca. 20000 Burgen im Mittelalter errichtet, ca. 6500 gibt es heute noch. Neben Geschichten von Rittern erzählte man auch Geschichten von Drachen.

25. Der geduldige Lokfüher

Den Lukas, den Lokführer,
lange auf Reisen schon,
plagte der Speisen Lohn
dreißig Minuten schon.

„Es würde mich sehr befrohn"
klagt er mit leisem Ton:

„könnte ich jetzt nur schon
Den Lokus, der Lok bekloen!" [17]

26. Beckig

Der Bogen hieße „Beckig",
wär er nicht gebogen sondern eckig.

---

[17] Mit 9288 km ist die Transsibirische Eisenbahn
die längste Eisenbahnstrecke,
die höchstgelegene ist in Tibet auf bis zu 5072
Metern Seehöhe.

27. Die pfützende Mütze

Es wütet die
Alt-Baskenmütze
pfützierend und voller Wut.

Einst wars Haupt des
Basken ihr Stütze,
dies deckt nun ein toller Hut.

Im ganzen aus Leder und
weich wie ne Feder,
das hat auch nicht jeder!

Doch rutscht er zum Kinn,
der Baske fällt hin.
Doch kein Gewinn. [18]

---

[18] Freudendamen, Narren, und andere
Außenstehende der Gesellschaft mussten laut
mittelalterlichen Kleiderordnungen spezielle
Kopfbedeckungen tragen. (Narrenkappe,…)

28. Am Verkehrsfluss

Reißend und wild
tütend und hüpend,
bekomplimentieren sich
lenkrädierte Autisten und
umeckend rasierende Radierer
im Verkehrsfluß
gern wütend.

29. Lieber Nachbar

Lieber Nachbar
glaub mir, es ist machbar:
Klopfst du noch einmal beim mir,
öffnet bald der Petrus Dir. [19]

---

[19] Die erste Verkehrsampel wurde am 5. August
1914 in Cleveland, USA, in Betrieb genommen.
Sie hatte nur zwei Lampen, rot und grün.

30. Über kurz oder lang

Der Masten vom Strome,
zum Zaunpfahl gedreht:
„Je kürzer die Beine,
so länger der Weg."

„Wenn breiter die Füße
dann schmaler die Spur."
Entgegnet der Zäune bepfählende nur.

31. Lampen

Einsam lämpern die Strassenlampen
die Straßen entlang
bis sie ausgehen. [20]

---

[20] Bereits die Steinzeitmenschen benutzten
Öllampen um sich die Höhlen zu beleuchten.
Für Straßenbeleuchtungen benutzt man heute
eher elektrisches Licht.

32. Empfehlung

Für Sparer und Verschwender:

Mit dem Bender-Klopapierwender,
(mit Feuchtigkeitsspender)
für Links- und Rechtsabwischhänder,
mit Platz auch für größere Bänder,
jetzt auch mit Ständer
(geeignet für alle Länder)
kommt man auch an die Ränder! [21]

33. Das Ross

Es rostet das rüstige Ross
zur Weide nieder
um sich an der jungen Rössin
zu weiden wieder.

---

[21] Das erste Klopapier der Welt wurde im
14. Jahrhundert für den chinesischen Kaiser
hergestellt. Industriell wurde Klopapier erst seit
1857 fabriziert.

34. Die Diva in Rage

Es hüpfte, sehr fröhlich,
trillernd und trällernd
die schrille Sopränin
zur Treppe beschnellernd.

Der Koffer war leicht,
da dem Diener gereicht.

Da fragte der Page
die Diva nach Gage.

Wütend, tütend,
walkiert die Walküre
alleine zur Türe. [22]

---

[22] Eines der bekanntesten Werke Richard
Wagners ist der Walkürenritt aus dem Vorspiel
zur Oper „Die Walküre" aus der Tetralogie
„Der Ring des Nibelungen".

35. Liebe

Es römerte Romeo Julia hin,
beim Haus, an der Pforte -
mit Gesten und Worte:
„Ich liebe Dich draußen -
ich liebe Dich drin."

Doch schloss die Liebesschwüre
die Schiebetüre. [23]

36. Die ewigen Jagd-Gründe

Der Gatte bejagte
den der es wagte
und an der Gattin nagte.
So beklagte
der befragte
Geplagte.

---

[23] Shakespeares Stück vom Romeo der auf der
Jagd nach Julia war, erschien erstmals 1597 als
„The Most Excellent and Lamentable Tragedy
of Romeo and Juliett".

37. Der höfliche Polizist

Es bat der Polizist
beim Straßen polieren:

„Darf ich Sie animieren,
den Streifen zu zebrieren?" [24]

38. Am Balkon

Vor Liebeswut wütend schon kocht er:
„nur einmal probieren!" so pocht er.
Doch Nichts zu küssieren vermocht er,
fenstierend bei Nachbarins Tochter.

---

[24] In der römischen Antike gab es Trittsteine
quer über die Straße, damit die Fußgänger die
Fahrbahn überqueren konnten, ohne sich die
Füße zu beschmutzen, dazu zwangen die
Steine die Fuhrwerke abzubremsen.

39. Der Koch

Der Koch, damit es ein Spaß bleibe,
Er lenkte den Darmwind
zur Glasscheibe.
damit sich dann darin
der Schas reibe
und niemand beim
windigen Fraß speibe.

40. Ein Frechdachs

Mit frechen Faxen
frecherte dachsend
der Frechdachs zum Lachsen
"Dir sind keine Haxen gewachsen?" [25]

---

[25] Der Wohnbereich eines Dachsbaues liegt in
ca. 5 Meter Tiefe.

41. Die Geschichte vom
Miefel-Stiefel

Es war einst ein Stiefel versunken.
Die anderen nannten ihn Miefel,
er hat so gestunken.

(Drum hat Miefel auch,
müffelnd, getrunken.)

Stiefel Miefel hat dann
um Hilfe gewunken.
Kräftig gewunken,
lange gewunken.
Seeeeeeeehr lange gewunken.

denn er war ja versunken.
Doch von den andern kam nicht ein
Funken.

Seidem hat „Miefel" der Miefel-Stiefel
auch noch gehunken. [26]

---

[26] Roms Soldaten trugen eine Art Sandalen
„Caligae". Der Spitznamen des
römischen Kaisers Gaius war „Caligula",
(Stiefelchen) ob er Fußgeruch hatte ist nicht
bekannt.

42. Quo Vadis?

Sie haben sich hier schon verblättert?
Wissen nicht ein und nicht aus?

34 Seiten nach links ist der Eingang
3 nach rechts geht es raus.

5 Zentimeter noch oben kleben Sie am
Rand
5 Zentimeter nach unten, stoßen Sie auf
Ihre Hand

Würden Sie das Buch wenden, sie es
umgekehrt fänden.
Klappen Sie es zu
ist Ruh.

Doch blättern Sie weiter,
es wird weiter heiter!

43. Berufswechsel

Es klagte der Herren-
dem Damenrasierer:
Er suche den
Umschulungs-Fachinformierer.

Auch er will seit heute,
statt Männerbart abstoppeln,
lieber die Häute der Bräute entlang hop-
peln. [27]

44. Der Kochtopf

Es brennt des lallenden Koch's Schopf,
versängt vom fallenden Kochtopf

---

[27] Der längste je gemessene Bart war 5,33
Meter lang und wuchs an einem Norweger.

45. Der Förster

Verdutzt sah der Förster
beim Fenster durchschaun,
zur Nacht war gewachsen
ein seltsamer Baum.

Nicht hoch, aber breit,
halb grün und halb braun.
Es schien ihm das neue Gewächs
wie im Traum.

„Die Rinde ist seltsam,
ich wund're und staun.
Das Ungetüm kann ich nicht
äxtend behaun –

ich werde auf
kettende Zähne vertraun!"

Mit neuen Griffen und
frisch geschliffen,
so, er besägte
motorend den Baum.

Es heulte die Säge
es fluchte ihr Greifer
Woran es nur läge,
dass die Rinde so steif wär?

Der Nachbar der's hörte,
er glaubte es kaum:

Der Forstmann sägierte
voll Schweiß seinen Zaun. [28]

---

[28] Der am häufigsten vorkommende Baum
Europas ist die Fichte. Der größte jemals
gemessene Baum der Welt war ein Riesen-
Eukalyptus, mit einer Höhe von 132,58 Metern.

46. Halsschmuck

Würde den Hals kein Kopf bezieren
man würde beim Nasenbohrn
durch die Lüfte irren. [29]

47. Schlagende Romantik

Die beledierte Domina
den Manager verdominierte
bis der Gurt ihn so ledierte
dass er beinah dort krepierte.

Doch die Peitsche sich derart verfing,
dass sie künftig an ihm hing.

---

[29] Krankhaftes Nasenbohren wird im
medizinischen Sprachgebrauch als
„Rhinotillexomanie" bezeichnet.

48. Hornhaut-Hornhautfeilen

Wenn Hornhaut feilende Hornhautfeilen
von
„Hornhaut" wenig Hornhaut feilen,
muss man die Enden
der „Hornhaut"-Hornhautfeilen mit
„Hauthorn"-Hornhautfeil-Enden feilen,
um weiter Hornhaut mit
„Hornhaut"-Hornhautfeilen
zu feilen.

49. volle Körbe

„Achtung - nicht nach vorne kippen!"
Dachte sie beim heimwärts wippen.
Es war noch etwas ungewohnt,
die Körbe voll besilikont. [30]

---

[30] Mary Phelps Jacob erfand den modernen
Büstenhalter und ließ ihn 1914 patentieren.

50. Verschollen

Unter den Bettstatt-Sockeln
versockierte sich einst ein Socken.
Doch da er müffelte,
man ihn erschnüffelte.

51. Das Nest

Kuckuck?
Kackuck!
So tönt es vom Geäst.
Der nicht so stubenreine Kuckuck
wurde schließlich von den
anderen Kuckeuren unsaft
aus dem Nest kuckiert. [31]

---

[31] Ein Kuckuck wird bis zu 10 Jahre alt und kann
bis zu 130 Gramm wiegen.

52. Bohnen

Die Bohne rief frech, im Gewühle:
„Bohnin! Kannst Du mich verstehn?
Ich würde lieber - anstatt in der Mühle
Mit Dir einen Bohrno drehn!"

Diese meinte, sie wolle mal sehn. [32]
(Sie war etwas borniert.)

53. Das Geislein

Das kleine Geißlein träumte:
„Einst werde ich ein großer Geisier."

---

[32] Im Kampf gegen den sittlichen Verfall verbot
der Gouverneur von Mekka 1511 alle Kaffee-
häuser. Nach 30 Jahren wurde das Verbot auf-
gehoben.

54. Bitte

Höflich bittet diese Seite:
Ob zur Länge oder Breite,
heben Sie weit weg das Buch,
leiden Sie an Mundgeruch.

55. Guter Rat

Es ward dem Kasperl sanft geflustert:
„Wer über andre sich belustert,
wird gern grün und blau bemustert" [33]

---

[33] Die Klamaukfigur Hanswurst war für so
derben obszönen Humor zuständig dass diese
im Zuge des 18. Jahrhunderts immer weiter
zensiert wurde. Der Kasperl zeichnete
ursprünglich sich eher durch Gesten und Mimik
aus, so konnte man ihn schwerer zensieren.

56. Die Brille

Geputzt und frisch poliert
wird die Brille hochnasiert. [34]

57. Am Parkplatz

Der Parkwächter fluchend
flott den Platz beplatzte,
dem falsch parkinierten
den Zettel kratzte.
Dann verhaltend zum
Waldplatz hatzte,
wo ihm der Darm fast platzte.

---

[34] Schon in der Antike gab es geschliffene Brille
zur Vergrößerung, jedoch noch keine echte
Brille. Diese wurde zwischen 1270 und 1290 in
der Toskana erfunden. 1727 wurde das erste
Exemplar mit Ohrenbügeln von Edward Scarlet
entwickelt.

58. Der Leissprecher

Man konnte vom leisen
Lautsprecher hörn,
Der ewige Lärm,
er würde ihn stören.

Besonders er hässe
die Bässe. [35]

59. Gegen die Wegwerfgesellschaft

War ein Ägypter abgegyptert,
wurd er, verleiniert und vertruht,
unter Steinen verkryptert.

---

[35] Obwohl viele Geräte, z.Bsp. Handys, nicht
das Tonspektrum in der Tiefe wiedergeben
können, hört man sie doch mit, da das Gehirn
diese automatisch ergänzt.

60. Der erstarrte Tänzer

„Ich
tanze so wie ich will!"

Der Tänzer sich vergliederte,
vom Zeh bis zum Gebiss.

Doch
plötzlich stand er still.

Weil sich der verdrehte Fuß
im Gesäß verbiss. [36]

61. Der Spitzer

Mit stumpfer langer Miene,
neben der Tastiermaschine,
wartet gelangweilt und resignent
der Stiftbespitzungs-Assistent

---

[36] Der Wiener Walzer ist mit ca. 60 Takten in der
Minute der schnellste Standardtanz.

62. Neugierig

Zwei höfliche Notenköpfe
lugten lauschend
hinter den Linien hervor
Als die Oboe zart musizierte.

Doch als sich veroboierte
lachten sie so
dass sich die Balken bogen
und sie fast von den Blättern flogen. [37]

63. Liebesschwur

„Ich brauch Dich so,
wie das Fenster die Wand."
Sprach Sie, mit ihm Hand in Hand.
„Und ich liebe Dich", so schwor er
„wie der Zahnarzt seinen Bohrer."

---

[37] Die Oboe wurde um 1660 in Frankreich erfunden. Sie entwickelte sich aus der Schalmei.

64. Die Königin

Die traurige,
von Wolken betrübte,
herrschende Bienin,
durch den Regen regierend,
sich verbinierend
falsch abbog und
bei Kiffern vorbeiflog

voll nebliert erstrahlte die
glückliche Königin künftig im
Sonnenschein. [38]

65. Die Sense

Die sensible Sense
wollte kein Gras mähen,
sie konnte kein grün sehn.

---

[38] Zwischen 5000 und 40.000 Bienen bewohnen
zusammen einen Bienenstock.

66. Facharbeiter

„Heute zählt nur mehr der Titel und nicht mehr das Können."

Sprach der alte Maurer zum jungen

Diplom-ziegel-
aufaneinandersetz-Specialist,

bei der Verwandlung von Luft in Ver-
wandung.

„Ja und englisch muss heute alles sein"

meinte zum Tischler der

Chief Executive Woodschleifing and
Schneiding-Consultant. [39]

---

[39] Bereits die Römer verwendeten Zement (opus caementitium) für ihre Bauten, wie die Viadukte, die Thermen und natürlich das Kolosseum.

67. Geschichte

Es war Im Jahre
1532 (n. Chr.)
am 29. November
um 17:09:13 (Ortszeit)
in Südamerika,
am Ortseingang von Cusco,
(heutiges Peru):

Zu Francisco Pizzaro sprach der Inka:
„Geh doch heim, Du Stinka!"

68. Wie im Flug

Im Abwärtsflug
sinnierte die Maus:
Dem Stiegenhaus
gingen wohl die Stiegen aus. [40]

---

[40] Die längste Treppe der Welt hat11674 Stufen
und führt entlang der Niesenbahn in der
Schweiz. Mit einem Höhenunterschied von 1643
Metern. Die längste Treppe in einem Gebäude
befindet sich im CN Tower in Toronto mit 2570
Stufen.

69. Der Pfarrer

In der heißen Sonnenglut,
der Pfarrer gern im Schatten ruht.
Doch da man ihn zur Taufe lud,
so ging er unterm Sonnenhut.

Doch vor der Segnungstat
versorgt er sich noch gut mit Hopfen:
„An einem heißen Sommertag da hilft
ein kühler Tropfen"

Doch allzu stark
entbierte er
die früher vollen Kisten.
Und aus Versehen
segierte er zum
völlig neuen Christen:

Statt dem jungen Kindel
nur die alte Windel. [41]

---

[41] Der Hopfen stammt aus der Gattung der Hanfgewächse (Cannabaceae). Die Kletterpflanze windet sich im Uhrzeigersinn und kann bis zu 50 Jahren alt werden.

70. Verrenkt

„Verrenktes Gerenkel.
Ach wären die Schenkel
gewachsen mit Henkel!"
sagt die Dame am Bänkel
beim verknöten der Senkel. [42]

71. Nie mehr

Nach Männern würd' sie
nie mehr gieren
Sagt sie, beim sich bevibrieren.

---

[42] Bereits Ötzi (ca.3300 v.Chr.) trug Schnürsenkel an seine Schuhen. Mit ca. 45 Jahren hatte der Eismann erhöhte Cholesterinwerte und Karies.

72. Die Frage

Müde
fragt die Augenbrau die Hände:

Wie es um den Umfang stände?
Fühlt man schon die Außenwände?

Wenn man neue Blätter fände,
wär das Werk noch nicht zu Ende.

Wenn man keinen Treffer länge,
so die Griffe rauf zur Blende,

man das Büchlein gerne wende,
Zum lesiern vom andern Ende.

73. Der Wanderer

Dem Wanderer wurde die Wand zu steil
so kroch er in die enge Höhle
worin ein hungriger Bär bärierte,
der ihn sogleich auseinander säbierte.

So fand man nur am Bergeseil
sein angeleintes Hinterteil. [43]

74. Das beste Kochbuch

Das Buch über Sellerie
„The best Sellerie"
Zählt zur Bestellerie.

---

[43] Man weiß nicht an wie vielen Bären Edmund
Hillary und Tenzing Norgay vorbeikamen als sie
1953 als erste Menschen den 8848 Meter hohen
Mount Everest bestiegen.

75. Das Edikt

Scherzbischof Danny schickt
Benedikt ein Fanedikt:

Man möchte nur, um ihn zu ehren,
Das Kreuz nun in ein B verkehren.

Gräber, Wege,
Kirchturmspitzen,
würden bald das „B" besitzen.

Das „bekreuzigen" muss weichen
Es gilt nur mehr das sich Be-zeichnen

Benedikt das derart liebte
dass er sich sogleich Be-biegte. [44]

---

[44] Das „B" wäre dem ursprünglichen Symbol des
Christentums, dem Fisch, ähnlicher als das
Kreuz, das sich erst später aus dem Namens-
monogramm für Christus entwickelte.

76. Die Verwandlung

Der (fast) zur Gänze tätowierte,
eine Frau gar sehr begierte,
die sich jedoch noch sehr zierte.

Der Bild-Verehrer nahm sich Zeit,
beschlüssellochte seine Maid.
Zur Hälfte weg war schon das Kleid
bis die Observierte
es kapierte
und ihm
den Türgriff eingravierte.

Nun ist der (fast) zur Gänze tätowierte
der gänzlich tätowierte. [45]

---

[45] Der Brillenmacher Hans Lipperhey erfand das
erste Fernrohr um 1608. Das ermöglichte
Galileo Galilei und anderen erst die
Himmelsbeobachtung.

77. Der Traum

Es erwachte einst ein Staatsbeamter,
das Haus wurde grad renoviert.
„Wie im Traum ist es", so fand er
„und schnell ging das!?"
war er schockiert.
„Mein Chef-Büro nun Groß und Lang!"
Dann merkte er, er war im Gang. [46]

78. Schwung

Einst ist die Ballerina,
stark beweint und bebiert,
von der Bühne balleriert.

---

[46] Im Schlaf gibt es einen etwa 90 minütigen
Schlafzyklus der sich aus 5 Schlafphasen zu-
sammensetzt. Je nachdem wie lange man
schläft, durchläuft man 4 – 7 dieser Zyklen.

79. Die Uhr

Für den Magistratsbescheid
zog sich schon entlang die Zeit

selbst auf dem Flur
die Pendeluhr,
würd' eilen nur
zög man die Schnur.

Doch da keiner dran ziehen will
steht dort selbst die Zeit meist still. [47]

80. Im Flug

Münchhausen flog auf Kugeln
und kam dabei ins trudeln.
Er musste um Hilfe dudeln.

---

[47] Sonnenuhren gab es bereits in der Antike.
Im 11. Jahrhundert erfanden arabische
Ingenieure Uhren erste mechanische Uhren, die
mit Wasser betrieben wurden.

81. Der Albtraum

Es hörte der Psychiater:

„Der Albtraum könnt' nicht
schlimmer sein
und jede Nacht
sucht er mich heim:

Plötzlich verdunkelt sich die Höhle.
Ein unheimliches Gegröhle.

kein Luftzug mehr, kein Lichterschein.
Ein fremdes wildes Tier dringt ein.

Ein Ungetüm das seltsam riecht,
keine Augen kein Gesicht.

Keine Füße, keine Hände.
Es wühlt und schrämmt
entlang die Wände

Es stößt und kreist.
es drückt es reisst!

Es packt mich schließlich an der Hüfte
und wirft mich wirbelnd in die Lüfte

Wo ich von grellem Licht geblendet –

und da,
der Traum dann plötzlich endet."

So der traumatisierte Nasenpopel. [48]

---

[48] Bis zu 1,5 Liter Nasensekret produziert der
Mensch pro Tag.

82. Kunstkritik

Der Kritiker erschrackte,
es ihm nicht geschmackte,
der Künstler es wackte,
zu zeichnen die Nackte,
die kackte. [49]

83. Nahrungskette

Wär die Nahrungskette
nach Verstand bemessen
hätte mancher Angst
dass ihn die Semmeln fressen.

---

[49] Die Gemälde, mit denen Michelangelo
Buonarotti zwischen 1508 und 1512 die Decke
der sixtinischen Kapelle bedeckte, wurden
schon kurz darauf wegen der Nacktheit der Fi-
guren mit Übermalungen an den entsprechen-
den Stellen zensiert.

84. Der Krieger

Da seine Squaw ihn gern betrog,
der Häuplierte auf den Kriegspfad zog.
Doch falsch fährtiert er sich verbog.

Er ließ im Zelt die Brillengräser
und las nun falsch
die Spur'n der Gräser.

Da sah er seine Squaw da steh!
Zur Freude um das Wiedersehn,
er wollt' die Arme um sie drehn.

Doch ohne Brille zum beschaun,
umschlang er fest den Kaktusbaum.

Entstachelt erst nach vielen Stunden
schlich er heim mit manchen Wunden.

Wo der blessierte Kriegerheld
nun von der großen Schlacht erzählt. [50]

---

[50] Die größten Kakteen der Welt sind die
Cardon-Kaktusse die zwischen 12 und 19 Meter
groß werden. Einzelne Exemplare werden auch
über 20 Meter hoch.

85. Die Scheidung

Tür und Angel stritten,
so dass sie beide litten.
Um sich bald zu scheiden.
quietschten laut die beiden

Der Traum ist verflossen,
sie wurden nur mit Öl begossen.

Doch sie habens genossen.

86. Das Versprechen

Ob die Körbe wohl hielten
Was sie versprachen
an dem was sie hielten?

Fragten die Herren,
die sie beschielten. [51]

---

[51] Der arabische Gelehrte Abu Ali al-Hasan
erfand im 11. Jahrhundert die Lupe.
Vorläufer gab es bereits in der Antike.

87. Die neue Creme

Die Dame, die schon Falten zieren,
zum Körperrinden renovieren,
sie wollte cremend sich polieren,

Zum Cremenhandel wollt sie gehn um
Nachschub für die Tat zu sehn.

„Sie hätten gern das Produkt probiert?"
Im Krematorium war man irritiert.

88. Das Urteil

Ein Ohr dem andern Sonne nahm,
als sie noch beieinander stunden.
Und beide mussten leiden.

So es zu dem Urteil kam:
Den halben Kopf muss eins umrunden.
Das andre soll dort bleiben. [52]

---

[52] Schlangen haben zwar keine Ohrläppchen,
aber ein Innenohr das auf die Vibrationen die
vom Kiefer aufgenommen werden reagiert.

89. Der Generalurlaub

Jeder braucht Urlaub
im Sommer einmal,
selbst ein chinesischer
Stabsgeneral.

Sonnig es war,
wo das Gras zart erblühte
und er sich
nackierend berühte.

Doch kämpfend rotierte
der Sonnenanbeter
Im Reich seiner Mitte
mit Sonnenbrand später. [53]

---

[53] Vor Sonne geschützt waren die ca. 8000
Terrakotta-Soldaten im nur teilweise freigelegten
Grab des ersten chinesischen Kaisers „Quin
Shihuangdi" der von 247 – 210 v.Chr. regierte,
mit der Unterwerfung der Nachbarreiche das
Land einte und das Land China begründete.

90. Das Marsprojekt

Venus erwähnte
dass Merkur bemerkte
wie Jupiter bitter
zur Sonne sondierte

die Erde, sie würde
vor Freuden rotieren,
würde die Menschheit
bald abmarsinieren.

Sie würde am liebsten
sie selber dort hinfliegen,
doch meint sie, dass diese
dann dort nicht lang blieben. [54]

---

[54] Der Durchmesser unseres Sonnensystems
beträgt etwa 12756 Kilometer. Die Galaxie
(die Milchstraße) in der es liegt hat eine Ausdeh-
nung von ca. 170.000 – 200.000 Lichtjahren.

91. Der Fensterputzer

Der Fensterputzer war sehr teuer,
drum beschloss der Vorstand heuer:
Die Fenster würden sauber bleiben,
man müsse nur das Glas entscheiben.

Der Ausblick blieb nun seitdem klar,
wobei es etwas zugig war. [55]

92. Am Ende

„Hier geht es so nicht mehr weiter!"
stand am Schildchen
beim Ende der Leiter.

---

[55] Natürliches Glas kommt auch ohne
Menschenhand in der Natur vor, etwa als
Obsidian, oder Quarzglas. Bereits die Ägypter
kannten ein Verfahren zur Glasherstelllung.

93. Der Behämmerte

Der Hausmeistierer klagte:
„Der behämmerte Nagel
so lang die Wand benagte,
bis er in den Nachbarn ragte". [56]

94. Das perfekte Geschenk

Dieses Buch ist das perfekte Geschenk
für alle Leute die Sie mögen, wenn
diese Leute Gedichte mögen!

Es ist sogar noch besser für alle Leute
die Sie nicht mögen, wenn die keine
Gedichte mögen!

---

[56] Erste Metallnägel wurden bereits um 2000
v.Chr. hergestellt, lange davor waren schon
Holznägel in Verwendung.

95. Das Ende

Das **U** sagt zum **E** das **Y** wär zu Ende,
auch das **Ü** nicht mehr zur Verfugung
stände.

Sogar das **Ö** ist schon abgereist und
verflogen das **A**.

So geht nun des **E** und **O**.

Im Zugsitz sitzt **I**.

Vum **U** gubts nun nur noch dru.

Drum blubt nur:

Ändä.[57]

---

[57] Die Römer benutzten ein Alphabet mit 21
Buchstaben, in der Spätantike hatte man 23
Buchstaben und ab der Renaissance waren es
26.

Für Ihre unglaubliche Geduld dankiert
Ihnen der unglaubliche Autor.

Timon Tiefenbach wurde 1982 im
südwestlichen Ost-Nordtirol geboren
und wuchs auch dort auf. Über die
Jahre sind viele Gedichte entstanden,
von denen er hier eine Auswahl vorge-
stellt hat.

Er lebt heute (2020) als freischaffender
Künstler und Autor in der Nähe
von Innsbruck.